[SANRIO CHARACTERS ★ はし

マイメロディ・クロミの
かわいいってなんだろう？

監修 白坂洋一（筑波大学附属小学校教諭）

はじめに

「かわいい」って、みんなはどんなことだと思う?
リボンやハート、ふわふわの服のような、見た目だけのことかな?
それだけじゃないような気がするよね。
たとえば、困っている友だちにやさしくできることや、目標のためにがんばる姿は、とってもかわいいと思うんだ。

それから、「これが私!」って、自信をもって自分を大切にできることもね。
この本では、マイメロディとクロミといっしょに、いろいろな「かわいい」について考えていくよ。
あなたが自分らしくかがやいて、
今よりもっと、自分のことが好きになるお手伝いができたらうれしいな。

☆マイメロディのしょうかい☆

MY MELODY

誕生日（たんじょうび）
1月18日

好きな食べ物（す た もの）
アーモンド
パウンドケーキ

好きな色（す いろ）
ローズピンク

すなおで明（あか）るい、弟思（おとうとおも）いの女（おんな）のコ。
宝物（たからもの）は、おばあちゃんが作（つく）ってくれた、かわいいずきん。
ねるときも、ずきんをかぶってねるよ。

クロミのしょうかい

誕生日
10月31日

好きな色
黒

好きな食べ物
らっきょう

KUROMI

自称マイメロディのライバル。
らんぼう者に見えるけど、実はとっても乙女チック!?
黒いずきんとピンクのどくろがチャームポイント。

[も く じ]

はじめに ……………………………………………… 2
マイメロディとクロミのしょうかい ……………… 4

第1章　かわいいのキホン

笑顔はみんなが楽しくなるまほう！ ……………… 10
1日のはじまりは明るいあいさつから …………… 12
「ありがとう」「ごめんなさい」は気持ちをこめて …… 14
言葉づかいは相手にあわせて ……………………… 16
キレイな姿勢をみにつけよう ……………………… 18
上品なしぐさを心がけよう ………………………… 20
体をつくるのはバランスのよい食事と運動 ……… 22
早ね早起きはいいことがいっぱい ………………… 24

第2章　おしゃれとみだしなみ

おしゃれの第一歩はみだしなみ ……………… 28

ファッションは自分らしく楽しもう ……………… 30

がら・もようのアイテムを着こなそう ……………… 32

小物とアクセサリーを使ってみよう ……………… 34

場面にあわせてくつとバッグを選ぼう ……………… 36

バッグの中身にも気をくばろう ……………… 38

毎日のスキンケアでつるすべ肌をめざそう ……………… 40

ゆったりおふろで心と体をリラックス ……………… 42

第3章　マナーと気くばり

きれいに食べて楽しく食事をしよう ……………… 46

そうじとかたづけで部屋も心もすっきり ……………… 48

おうちの人にも思いやりを ……………… 50

友だちがおうちに来てくれるとき ……………… 52

友だちのおうちで遊ぶとき ……………… 54

お出かけのマナー ……………… 56

学校の行事を盛りあげよう ……………… 58

授業中のピンチを切りぬけよう ……………… 60

ルールとマナーを守ってSNSを使おう ……………… 62

かわいい写真の写り方 ……………… 64

第4章　自分の心と向きあおう

自分のこと、もっと知って好きになろう ……… 68

他の人と比べるよりもっと自分を見つめよう……… 70

ポジティブな言葉で心も前向きに ……… 72

きんちょうをほぐすコツ ……… 74

はじめてのこと、苦手なことにチャレンジ! ……… 76

失敗をこわがらなくていいんだよ ……… 78

自信が「ある」ふりをしてみよう ……… 80

イライラ・モヤモヤにさようなら ……… 82

「やる気が出ない…」からぬけ出す方法 ……… 84

見栄やウソはやめてすなおになろう ……… 86

第5章　お友だちとのつきあい方

自分のことを伝えよう ……… 90

勇気を出して自分から話しかけよう ……… 92

人見知りでもOK!　聞き上手になろう ……… 94

友だちとのおしゃべりが続くコツ ……… 96

自分の意見をしっかり伝えよう ……… 98

相手をいやな気持ちにさせない言葉を使おう … 100

苦手な人がいるときは… ……… 102

友だちに悪口を言われてしまったとき ……… 104

友だちを悲しい気持ちにさせない断り方 ……… 106

おわりに ……… 110

第1章
かわいいのキホン

毎日を笑顔で元気に明るくすごすことが
なによりも大切だよ。

笑顔はみんなが楽しくなるまほう！

> はじめて同じクラスになった友だちに、
> 私に話しかけるの、最初はきんちょうしたって
> 言われたよ。話しかけやすい人になるには
> どうしたらいいかな…？

鏡を見ながらニコッと笑ってみて。
表情がパッと明るくなって、ハッピーな気持ちになる気がしない？

笑顔でいると、それだけで、ハッピーな気持ちになれるよ。
しかも、自分だけじゃなくて、
まわりのみんなの気持ちも、ハッピーにするんだよ。

話しかけやすいのはどっちだろう？

笑顔

笑顔じゃない顔

笑顔でいると、友だちも話しかけやすいよね。

笑顔が苦手でもだいじょうぶ！
かわいい笑顔のポイント

★口角を上げる
口角（口の両はし）をキュッと持ち上げよう。

★目じりを下げる
目じり（目の耳に近いほう）が下がると、
自然な笑顔になるよ。

笑顔になれない気分のときは、
むりしなくてだいじょうぶ。
あなたの気持ちをいちばんに大切にしてね。

1日のはじまりは明るいあいさつから

学校に行くときに、前から友だちが歩いてきた！
あなたはどうする？
● 「おはよう！」と声をかける　● 話しかけられないかも…
● 友だちがあいさつしてくれるのを待ってみる…！

友だちに会ったときは、自分から
元気なあいさつができると、とってもすてき。

おうちの人に「おはよう」「いってきます」。
友だちに「おはよう」。先生に「おはようございます」。
元気な声であいさつすると、1日を気持ちよくスタートできるよ。

1章 ♥ かわいいのキホン

今日からやってみよう!
あいさつのポイント

★元気な声でハキハキと

小さな声でボソッとあいさつすると、元気がないように見えてしまうよ。明るく元気なあいさつを心がけよう。

★笑顔で相手の目を見て

笑顔じゃないと、相手に「きらわれているかな」「きげんが悪いのかな」と思われてしまうかも。
あいさつをする時は、目と目をあわせると、心が通じあって安心できるね。

★自分からあいさつする

相手からのあいさつを待つのではなく、自分からあいさつするようにしよう。あまり話したことのない友だちや、近所の人など目があったときも、自分からあいさつしてみて。相手もうれしい気持ちになるよ。

あいさつをすると、気持ちがいいね。
明るく元気なあいさつで、
すてきな1日にしよう!

「ありがとう」「ごめんなさい」は気持ちをこめて

消しゴムを落として拾ってもらったのに、
とっさに「ありがとう」と言うことができなかった…。
どうしたら言えるようになるかな？

何かをしてもらったら、感謝の気持ちをこめて
「ありがとう」と言えると、言われた相手もうれしいよね。
おじぎをして感謝の気持ちを伝えることもできるけれど、
言葉で伝えたほうが、相手はもっとうれしい気持ちになるよ。
言葉で伝えることを心がけているうちに、
「ありがとう」が自然に
言えるようになっていくよ。

1章 ♥ かわいいのキホン

気持ちが伝わる
「ありがとう」の言い方

何かをしてもらったら、すぐに笑顔で相手の目を見ながら言おう。きちんと相手の目を見ないと、気持ちが伝わりにくいから気をつけてね。

相手をいやな気持ちにさせてしまったら
「ごめんなさい」とすぐにあやまる

自分が悪いことをして、相手をいやな気持ちにさせてしまったと気づいたら、すぐに「ごめんなさい」とあやまろう。きちんとあやまれば、相手に気持ちが伝わるよ。

★「ごめんなさい」の言い方

「ありがとう」と同じように、きちんと相手の目を見て言おう。頭を下げるときは、深く下げたほうが、あやまりたい気持ちが伝わるよ。

「ありがとう」「ごめんなさい」を
すなおに伝えよう！

言葉づかいは相手にあわせて

担任の先生に「先生、ヤバいね」と言ったら、
それを聞いていたとなりのクラスの
友だちにおどろかれちゃった。
そんなにおどろくようなことなの？

先生となかよくお話ししていると、
友だちとお話しするような言葉づかいをしてしまうことも
あるかもしれないね。
だけど、先生や目上の人と話すときは、
敬語を使うと印象がよくなるよ。
敬語といっても、「です・ます」などの
ていねいな言葉でだいじょうぶ。

先生とはていねいな言葉、
友だちとはくだけた言葉というように、
相手にあわせた言葉づかいができると、
すてきだね。

先生やお店の人への言葉づかい

先生やお店の人、近所の人などと話すときは、「です・ます」を使ったていねいな言葉づかいを心がけよう。たとえば、「ありがとう」ではなく、「ありがとうございます」と言うようにするといいよ。

友だちどうしの言葉づかい

友だちと話すときは、らんぼうな言葉づかいをすると、相手を傷つけてしまうから注意してね。

はやり言葉は使いすぎに注意

はやり言葉はつい使いたくなっちゃうけれど、知らない人もいるから、ほどほどにしよう。

相手をいやな気持ちにさせないようなふさわしい言葉を考えて使ってみよう！

キレイな姿勢を
みにつけよう

よく親に「背筋をのばしなさい！」
と注意されるんだけど、
どうして背筋をのばしたほうがいいの？

ゲームやスマホをしたりしていると、
どうしても背中が丸まって、ねこ背になっちゃうよね。
ねこ背でいると、かたがこったり、
こしが痛くなったりしやすいんだよ。
それに、自信がなさそうに見えてしまうんだ。
立つときも、座るときも、歩くときも
背筋をまっすぐのばすと体にいいし、
かわいさもアップするよ。

1章 ♥ かわいいのキホン

今日からやってみよう！
キレイな姿勢

目線はまっすぐ前を向く
背筋をのばす
足をそろえる
ひざをつける

立つ　　**座る**

背筋をのばす
かかとから着地する
目線はまっすぐ前を向く
つま先はまっすぐ前に

歩く

背筋をまっすぐのばして、
きれいな姿勢をキープしよう！

19

上品なしぐさを心がけよう

友だちのことを人さし指でさしたら、
「指ささないで」っておこられちゃった。
どうすればよかったの？

人さし指でさされると、
強く命令されているような気持ちになってしまうかも。
5本の指をそろえて、
手のひらを上に向けてさすといいよ。

しぐさで人をいやなきもちにさせてしまったときは、
すぐに「ごめんなさい」とあやまろう。
そして、次からはしないよう気をつけてね。

NGしぐさに気をつけよう

★せき・くしゃみをするとき

マスクをしていないときにせき・くしゃみをしたくなったら、ハンカチやティッシュで口と鼻をおおうようにしよう。ハンカチもティッシュもないときは、服のそででおおってもいいよ。

★物をわたすとき

人に物をわたすときは、両手でわたすのが基本だよ。
ハサミやカッターは刃を、筆記用具は書くほうを自分に向けてわたすと、相手が受け取りやすいよ。

★ドアや窓を閉めるとき

ドアや窓を勢いよくバタンと閉めたらうるさいし、まわりの人はびっくりしちゃうよね。ドアや窓はゆっくり静かに閉めるようにしよう。

まわりの人も自分もいやな気持ちにならない、上品なしぐさをみにつけよう！

体をつくるのは
バランスのよい食事と運動

ねぼうして、
朝ごはんを食べずに学校に来ちゃった。
おなかが空いて、今日はなんだか
授業に集中できないかも…。

朝ごはんを食べないと、成長に必要な栄養が足りなくて、
体の調子が悪くなってしまうこともあるんだ。

朝ごはん、昼ごはん、ばんごはんをしっかり食べて、
適度な運動をすることが、健康な体をつくるいちばんの方法だよ。

バランスのよい食事って？

次の3つをそろえた食事だよ。
- 主食（米、パン、めん類）
- 主菜（肉、魚、卵、大豆製品などを使ったメインのおかず）
- 副菜（野菜が中心のおかず）

毎日朝ごはんを食べよう

朝ごはんを食べると、こんないいことがあるよ。
- 脳が元気になって、集中力・きおく力がアップする
- 体のリズムが整う
- 胃腸が動いて便が出やすくなり、体の中がきれいになる

いそがしい日でも欠かさず食べるようにしよう！

運動のメリット

運動は私たちの体を支える骨や筋肉をつくるんだ。
駅では階段を使ってみたり、自転車で行く場所に歩いて行ってみたり、いつもの生活に運動をとりいれてみよう！

3食の食事と適度な運動が健康な体をつくるよ

早ね早起きは
いいことがいっぱい

> 朝がすごく苦手で、起きられない…。
> どうしたら、毎朝すっきり
> 目が覚めるようになるのかな?

朝にすっきり起きられないのは、
ねる前の習慣が関係しているんだ。次のことを試してみてね。
- 午後10時までにねる
- ねる1時間半〜2時間前にお風呂をすませる
- ねる2時間前までにばんごはんを食べる
- ねる30分前にはスマホやゲームをやめる

朝、すっきり起きられるようになるはずだよ。

朝にできる
すっきり起きるための工夫

朝は、次のことを試してみよう。
- カーテンを開けて太陽の光を浴びる
- 起きる楽しみを考える
- 好きな音楽やお気に入りの目覚まし時計で起きる

早ね早起きのメリット

★体の調子がよくなる
生活のリズムができるので、体の調子がよくなり、病気になりにくくなるよ。

★肌がスベスベになる
きれいな肌に欠かせない成長ホルモンは、午後10〜午前2時に出るから、この時間にねていると、肌にいいんだよ。

★ゆっくり準備ができる
家を出るまでに時間のよゆうができるから、朝食やみだしなみのチェックに十分な時間をかけられるよ。

早ね早起きを習慣にして、
毎日を快適にすごそう!

第1章のまとめ

笑顔を心がける
笑顔でいると、自分もみんなもしあわせな気持ちになるよ。

明るくあいさつをする
明るく元気にあいさつをして、気持ちのいい1日にしよう。

規則正しい生活をする
早ね早起き、1日3食の食事、適度な運動を続けると、心の調子もよくなるよ。

第2章
おしゃれと みだしなみ

みだしなみを整えて、
好きなファッションを楽しんでね。

おしゃれの第一歩はみだしなみ

ねぼうしちゃって、
いそいで学校へ行ったら、
友達から「髪ボサボサだよ」って言われちゃった。
みだしなみは、どうやって
気をつけたらいいんだろう?

せっかくおしゃれな服を着ていても、
みだしなみが整っていなかったら
おしゃれな服に目がいかなくてもったいないよね。
朝、学校に行く前やお出かけの前には、
必ず鏡を見てみだしなみをチェックしよう。

みだしなみで大切なのは「せいけつ感」。
「きたない」「だらしない」って思われないような
見た目を心がけてね。

2章 ♥ おしゃれとみだしなみ

これでバッチリ!
みだしなみのチェックポイント

髪がボサボサだったり、ねぐせがついていたりしない?

目やに、食べかすがついてない?
鼻はだいじょうぶ?

つめがのびすぎていない?

服がシワシワだったり、よごれがついたりしていない?

くつ下にあながあいていない?

くつがよごれていない?

みだしなみ

鏡を見て、みだしなみをチェックする習慣をつけよう!

ファッションは自分らしく楽しもう

> 今日着る服をえらんでみたけど、もっとおしゃれに着るにはどうしたらいいんだろう？

ファッションは、自分が着たい服、好きな服を着るのがいちばんだよ。でも、せっかくだから、
おしゃれに見えるようにしたいよね。
そんなときは、服のテイストをそろえるといいよ。
テイストとは、ふんいきのこと。
次の4つのうち、好きなテイストはどれかな？

A
- □ ピンクが好き
- □ リボン、ハート、花がらが好き
- □ スカートが多い

B
- □ 明るいはっきりした色が好き
- □ ショートパンツなど短めのボトムスが多い

C
- □ 白、黒、グレー
- □ すっきりしたシルエットが多い
- □ かっこいい服が好き

D
- □ 色は少なめがいい
- □ シンプルなデザインが好き
- □ デニムが多い

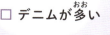

2章 ♥ おしゃれとみだしなみ

お気に入りを見つけよう!
ファッションのテイスト

A. ガーリー

ピンクや白がメインのかわいいファッション。リボンや花がらがあうよ。

B. ポップ

カラフルな色づかいのファッション。元気な印象になるよ。

C. クール

白と黒が基本のかっこいいファッション。

D. ベーシック

Tシャツ、パーカー、デニムなど定番アイテムのシンプルなファッション。

おしゃれは、自分のためにするもの。
自分が好きなファッションを自由に楽しもう!

がら・もようのアイテムを着こなそう

水玉(みずたま)のブラウスに
チェックのスカートをあわせてみたけど、
なんだかしっくりこないかも。
がら・もようの服(ふく)は、
どうやって着(き)たらいいの?

ドット(水玉(みずたま))、チェック、ストライプ、
ボーダー、花(はな)がら、アニマル……
服(ふく)にはいろいろながらやもようが使(つか)われているね。

がら・もようを着(き)るときのポイントは、
無地(むじ)(がら・もようがない)のアイテムとあわせること!
たとえば、
チェックのスカートをはくときは、
トップスに無地(むじ)のブラウスやニットを
あわせるといいよ。

どれが好き？
いろいろながら・もよう

チェック
いろいろな種類のチェックがあるよ。

ドット（水玉）
ガーリーやポップなどのテイストと相性がいいよ。

ストライプ
たてのしまもようのこと。横のしまもようはボーダーというよ。

アニマル
レオパード（ヒョウ）がらやゼブラがらがあるよ。

いろいろながら・もようの服を着て、
おしゃれ度をアップさせちゃおう！

小物とアクセサリーを使ってみよう

> シンプルな服のときに
> 小物やアクセサリーを使ってみたいけれど、
> 何がおすすめ？

小物……ぼうし、ベルト、マフラー、イヤーマフラー、
　　　　サングラス、めがねなど
アクセサリー……ネックレス、チョーカー、ブレスレット、
　　　　　　　　指輪、ブローチ、イヤリングなど

服がシンプルなときや、
もっとかわいさをアップさせたいときは、
小物やアクセサリーを使ってみよう。
ただし、使いすぎには注意。
1つか2つがおすすめだよ。

2章 ❤ おしゃれとみだしなみ

使いこなそう！
小物とアクセサリー

ぼうし

キャップ、ハット、ニットぼうなど、テイストにあわせて選ぼう。

ベルト

バックル（とめ金）や色がおしゃれなものを使うとアクセントになるよ。

サングラス

色や形はいろいろ。夏じゃなくても使えるよ。

ネックレス

かわいさやかっこよさが、さらにアップするよ。

> 小物やアクセサリーを使いこなして
> おしゃれ上級者をめざそう！

35

場面にあわせて
くつとバッグを選ぼう

くつがいつもスニーカーばかり。
他のくつもはいてみたいけれど、
どんなくつがおすすめ？

スニーカーは動きやすくて、たくさん歩く日にぴったりだね。
お出かけのときは、ファッションのテイストにあわせて、
くつを変えてみるのもいいよ。
夏はサンダル、冬はブーツにすると、
かわいいだけじゃなくて季節感も出せるね。

バッグも、手にもてるハンドバッグや
かたにかけるショルダーバッグなど、
いろいろあるから、
服にあわせて変えてみてね。

2章 ♥ おしゃれとみだしなみ

いつものファッション

学校や習い事、公園で遊ぶときは、スニーカーとリュックサックが定番。

スニーカー、スリッポン（くつひもがないくつ）などが、はきやすくて動きやすいよ

たくさん物が入って、両手があくリュックサックが便利

お出かけのときファッション

週末のお出かけや旅行のときにはおめかしコーデにもチャレンジしてみよう。

ハンドバッグやショルダーバッグなどの小さめバッグがおすすめ

ワンストラップシューズ（ストラップとよばれる、ひもやベルトがついたくつ）で上品に。ブーツでもかわいいよ

お出かけのときは、くつとバッグを、いつもとは変えてみると気分が変わって楽しい！

37

バッグの中身にも気をくばろう

お出かけ先でも
みだしなみを整えたいけれど、
バッグの中には
何を入れておくといいの？

みだしなみを整えるアイテムは、小さな鏡、くし、ヘアゴムやヘアピン、リップクリーム、ハンドクリームを入れておこう。使いたいときにすぐ取り出せるよう、ポーチにまとめておくと使いやすいよ。

他にバッグに入れておきたいのは、ハンカチとティッシュ、おさいふやパスケース、スマホ、ばんそうこう。出かける前に、忘れ物はないか、チェックするようにしてね。

2章 ♥ おしゃれとみだしなみ

入れておくと安心！
バッグの中の持ち物リスト

★ハンカチ・ティッシュ

ハンカチは、毎日清潔なものを持つようにしよう。

★おさいふ・パスケース

買い物をするとき、電車やバスに乗るときに必要だね。

★スマホ

しっかり充電しておこう。使うときは、安全な場所で立ち止まって。

★ばんそうこう

けがしたときや、くつずれのときに安心。数枚をポーチに入れておこう。

★鏡

持ち運べる大きさの小さな鏡は、みだしなみのチェックに便利だよ。

★くし、ヘアゴム・ヘアピン

髪を整えるアイテム。髪の長い人は、ヘアゴム・ヘアピンも。

★リップクリーム

かんそうしたり、皮がむけたりしないよう、こまめにぬろう。

★ハンドクリーム

手がカサカサしないよう、手を洗ったあとにぬるといいよ。

バッグの中身は、出かける前に必ずチェック。
必要な物だけを整理して
入れるようにしよう！

39

毎日のスキンケアで つるすべ肌をめざそう

おでこにニキビができちゃった。
どうやってお手入れをしたらいいの?
どうすればニキビはできなくなるかな?

毛穴のつまりやストレスなど、
ニキビはさまざまな原因で起こるよ。
予防には、十分な睡眠とバランスのよい食事が大事。
ニキビができちゃったときは、朝晩2回、しっかり洗顔して、
できちゃったニキビに薬をぬろう。
ニキビだけじゃなく、
お肌のトラブルは人それぞれだけど、
しっかりスキンケアをすればつるつる、
すべすべの肌になれるよ。
がんばって、
毎日スキンケアを続けようね。

2章 ♥ おしゃれとみだしなみ

スキンケアのポイント

★朝と夜の2回洗顔する

洗顔料を使って、洗顔しよう。ゴシゴシこすって洗うのではなく、やさしく洗うようにしてね。

★保湿をしっかりする

保湿とは、肌の水分を補ってうるおいを保つこと。洗顔したら、化粧水をつけてね。かんそうしやすい人は、化粧水の後に乳液もつけるといいよ。

日焼け対策も忘れずに！

日焼けは、紫外線（太陽の光の一部）を浴びすぎると起きるよ。肌が赤くなったり、シミやそばかすの原因にもなるから、次のような対策をしてね。

★つばのあるぼうしをかぶる

特に夏は、ハットやキャップのような、つばのあるぼうしをかぶろう。

つば

★日焼け止めをぬる

ふだんはSPF30、プールや海に行くときはSPF50くらいがおすすめ。

朝晩2回、洗顔と保湿をしっかりしよう。
日焼け対策も忘れずに！

ゆったりおふろで心と体をリラックス

> 暑い日だったのでシャワーだけにしたら、
> お母さんに「おふろに入ったほうがいいよ」
> って言われちゃった。
> どうしておふろのほうがいいの？

夏の暑い日だと、
シャワーだけにしたくなっちゃうこともあるかもしれないけれど、
しっかりおふろに入るのがおすすめだよ。
おふろに入ると、体が温まって血のめぐりがよくなり、
つかれが取れやすくなるよ。
それに筋肉のいたみがやわらいだり、
心がリラックスしたりする効果もあるんだ。
いいことがたくさんあるから、
ゆっくりおふろに入って体を温めてね。

2章 ♥ おしゃれとみだしなみ

おすすめのおふろの入り方

★ 38～40度のぬるま湯に10～15分つかる

全身がじわっと温まるくらいの温度と時間がベスト。熱すぎると体に負担がかかるよ。

★食後1時間ほどたってから入る

食後すぐにおふろに入ると、胃や腸に負担がかかり、食べ物がうまく消化できなくなることがあるよ

体を洗って汗とニオイを防ごう

体は、ボディソープを使ってやさしく洗おう。背中やわきの下など汗をかきやすい部分は、特にていねいに洗うとニオイを防げるよ。

むね・背中

足のうら
指の間までしっかり洗う

わきの下

おふろは最高のリラックスタイム。
ぬるま湯につかって、全身を温めよう。

第2章のまとめ

みだしなみを整える

鏡を見て、みだしなみをチェックしてから出かけよう。外出先でも、お手洗いの鏡などでチェックしてね。

自分らしいおしゃれを楽しむ

好きな服を着て、小物をつけて、自由におしゃれを楽しもう。

肌や体のケアをしっかりと

肌や体のトラブルを防ぐために、保湿などのケアを毎日するようにしてね。

第３章
マナーと気くばり

マナーを守ると、みんなが気持ちよくすごせるよ。

きれいに食べて 楽しく食事をしよう

基本的な食事のマナー、
どのくらいできているかな？
チェックしてみよう。

- ☐ 食べる前に手を洗う
- ☐ 背筋をのばし、正面を向いて座る
- ☐ 「いただきます」「ごちそうさまでした」を言う
- ☐ 茶わんや小皿は持ちあげて食べる
- ☐ ひじをテーブルにつけない
- ☐ 口にものを入れながらしゃべらない

家、学校、レストランなど、
どこで食事をするときも、
基本的なマナーを守って、
楽しくおいしく食べよう。

感謝の気持ちを伝えよう

「いただきます」「ごちそうさまでした」は、肉、魚、野菜などの生きものの命をいただくことへの感謝と、食事ができるまでにかかわったすべての人への感謝を表す言葉だよ。食事の前後に心をこめて言おうね。

会話を楽しもう

家族や友だちと食事をするときは、今日起こったうれしかったことや楽しかったことなど、みんなが楽しい気分になれるようなポジティブな話をすると、ごはんがもっとおいしく感じられるよ。

準備とかたづけを手伝おう

食事の準備やあとかたづけは、どんどん協力しよう。
準備なら「食器を並べる」「盛りつけ」「料理を運ぶ」、あとかたづけなら「食器を下げる」「テーブルをふく」「洗いもの」など、できることはたくさんあるよ。

感謝の気持ちをこめて、きれいに食べよう。
準備やかたづけを積極的に手伝うと、
もっとすてきだよ。

そうじとかたづけで部屋も心もすっきり

自分の部屋が、
気がつくといつも散らかっている。
きのうは、学校にもっていくノートが
見つからなくて困っちゃった…。

散らかっているということは、物がたくさんあるということだよね。
だから、まずは物を減らすことからはじめよう。
自分の部屋にある物を
「使っている物」と「使っていない物」に分けてみて。
「使っていない物」は、手放すことを考えてみよう。
物が減ると、かたづけしやすくなるから、部屋をきれいに保てるよ。

3章 ♥ マナーと気くばり

そうじとかたづけが苦手でもだいじょうぶ！
部屋をきれいにするポイント

★「使っていない物」を手放す

物が少ないほうがかたづけやすいから、「使っている物」だけ置くようにしよう。小さなころよく遊んでいたおもちゃのような、今は使っていないけれど大切な物は、宝物としてしまっておこう。

★物を置く場所を決める

物は、決まった場所に置くようにしよう。使い終わったら、すぐ元の場所にもどすと、物が散らからないね。

★こまめにそうじをする

よごれがたまってから落とすのは大変。よごれやほこりに気づいたときに、そうじをするといいよ。

部屋がきれいだと気持ちがいいよ。
物を少なくして、こまめにそうじをしよう。

おうちの人にも思いやりを

> 親がいろいろ言ってくるので
> イライラしてしまって、
> ついらんぼうな言葉を言ってしまいます。
> よくないとはわかっているんだけど…。

家は、家族みんなにとってほっとする場所。
あなたも家族の一員として、
家族が気持ちよくすごせるよう言葉づかいには注意しよう。
もし、お母さんやお父さんに何か言われてイライラするなら、
どういう言葉や態度にイライラしたかを伝えて、
話しあえるといいかもしれないよ。

3章 ♥ マナーと気くばり

親しき仲にもれいぎあり
家での言葉づかい

★あいさつをする
おうちの人との間でも、あいさつはしようね。「ありがとう」「ごめんね」も忘れずに。

★らんぼうな言葉を使わない
家族と話すときにくだけた言葉づかいになるのは問題ないけれど、相手を傷つける言葉はさけよう。

おうちの人もうれしいよ
進んでお手伝いをしよう

家でできることは、どんどんしよう。たとえば、次のようなお手伝いをすると、家族みんながとても助かるはずだよ。
- 洗たく物をたたむ
- ごみ捨て
- ふろそうじ、トイレそうじ

家族みんなが安心して楽しくすごせるよう
やさしさと思いやりを忘れずに。

51

友だちがおうちに来てくれるとき

今度友だちが家に遊びに
来てくれることになったよ。
どうしたら友だちに
楽しくすごしてもらえるかな？

友だちとおうちで遊びたいときは、
おうちの人に「家によんでいいか」を必ず確認して、
OKをもらってからよぶようにしよう。
そして、友だちには、
おうちの人が家にいるときに来てもらってね。

家をそうじしておくことも大切。
そうじはおうちの人に任せっきりじゃなくて、手伝うようにしよう。

3章 ♥ マナーと気くばり

安全に楽しく遊ぶために
友だちを家によぶときのマナー

★おうちの人がいるときに来てもらう

何か問題が起こったときのためにも、おうちの人がいるときに来てもらおうね。

★家をそうじしておく

げんかん、トイレ、リビング、自分の部屋など、友だちが使う場所をそうじしておこう。

★家のルールを説明する

入ってはいけない場所、飲食してもいい場所、さわってはいけない物など、自分の家のルールを伝えよう。ルールは事前におうちの人に確認してね。

★食べられない物、苦手な物を確認する

友だちがアレルギーなどで食べられない物、苦手な物を確認してから、食べ物や飲み物を出すようにしよう。

おうちの人にも協力してもらって、
友だちと楽しい時間をすごそう。

友だちのおうちで遊ぶとき

> 最近仲良くなった友だちの家に、
> 初めて遊びに行くのが楽しみ！
> どんなことに気をつけたらいいかな？

友だちの家に遊びに行きたいときは、
おうちの人に「行ってもいいか」確認をして、
OKをもらったら、遊びに行く日、時間、場所を伝えよう。

友だちの家では、きちんとあいさつをしよう。
おやつを出してもらったりしたときはお礼を忘れずに。
きちんとマナーを守れると、
友だちのおうちの人もきっと気持ちよくむかえてくれるよ。

よんでくれた感謝の気持ちをこめて
友だちの家で遊ぶときのマナー

★おうちの人に時間と場所を伝える

家によんでくれた友だちの名前、遊びに行く日、帰ってくる時間、友だちの家の場所を、必ずおうちの人に伝えよう。

★元気にあいさつをする

友だちの家に入るときは「おじゃまします」、帰るときは「おじゃましました」と言おう。友だちのおうちの人に初めて会ったなら、「はじめまして」とあいさつして、自分の名前を伝えよう。

★ぬいだくつをそろえる

くつは、げんかんから入った向きのままぬいでから、180度回して、つま先がドアを向くようにそろえるよ。

★友だちの家のルールに従う

勝手に部屋に入ったり、物にさわるのはNG。トイレを借りるときは、「お手洗いをお借りします」と、おうちの人に伝えてからにしよう。

友だちとおうちの人に「また来てね」と思ってもらえるよう、マナーを守って遊ぼう。

お出かけのマナー

> 友だちと3人で出かけたとき、
> 横に並んで歩いていたら、
> 後ろを歩いていた人に
> イヤな顔をされちゃった…。

出かけたときや登下校のときに、
友だちと横に広がって歩いていたら、
うしろから歩いてきた人が通れなくて困るよね。
広がらずに歩くようにしよう。

せっかくのお出かけを楽しめるよう、
まわりの人のことも考えながら
行動するようにしてね。

まわりの人への思いやりを忘れずに
お出かけのマナー

★時間によゆうを持って

待ちあわせは「何時」に「どこで」をしっかり決めておこう。当日は待ちあわせの時間より少し早めに着くこと。ちこくしちゃうときは、相手にれんらくするようにしてね。

★道路を歩くとき

友だちと歩くときは、せまい道では1列、広めの道でも2列までをめやすにしよう。横に広がりすぎないように気をつけて。

★電車やバスに乗るとき

発車直前にかけこんで乗るのはやめよう。座っているときに、座席が必要な人が近くに立っていたら、「どうぞ」と声をかけて、席をゆずってね。

★図書館や映画館で

図書館ではおしゃべりや飲食はひかえよう。映画館では、スマホの電源はオフにして。

お出かけのときも、
自分もまわりの人たちも楽しくすごせる
行動とふるまいを心がけよう。

学校の行事を盛りあげよう

学校には運動会、学芸会、遠足など、
たくさん行事があるけれど、
どんなふうに参加しているかな?

A リーダーとしてみんなをまとめている

B みんなと協力して盛りあげようとする

C 行事は苦手だけど、いちおう参加している

D 行事がきらいなので、参加しない

学校行事が好きな人もきらいな人もいるかもしれないけれど、
友だちと協力して何かをするのは、楽しい経験だよ。
自分にできることを見つけて、参加しよう。

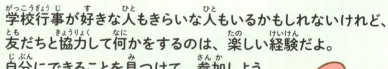

自分にできることをすればOK
学校行事にどう参加する?

A リーダーとしてみんなをまとめる
みんなの中心となって盛りあげてくれるあなたの存在は、行事を成功させるには絶対に必要だよ。

B みんなと協力して盛りあげる
みんなと協力すると、より行事を楽しめるし盛りあがるよね。自分にできることをどんどんしよう。

C 苦手だけどいちおう参加する
「苦手」「つまらない」という気持ちで参加するのはもったいないから、「楽しいところはないかな」と探しながら参加するといいかも。

D 参加しない
むりに参加しなくてもいいけれど、たとえば絵が得意なら、学芸会で背景の絵をかくなど、自分にできることで参加してみない?

> 学校の行事は友だちとなかよくなれる大チャンス。できることからでいいので、進んで参加しよう。

授業中のピンチを切りぬけよう

授業中に、次のようなことで困った経験はある?

☐ ねむくなる
☐ おなかが鳴る
☐ おならが出そうになる

どれも一度は経験したことがあるんじゃないかな。
対処法を知っておけば、だいじょうぶだよ。

3章 ♥ マナーと気くばり

ねむくなったときは

深呼吸する、少し体を動かす（背筋をのばす、首を回すなど）といいよ。すいみん不足かもしれないから、規則正しい生活と、十分なすいみんを心がけてね。

おなかが鳴らないようにするには

おなかが鳴るのは、胃の中にある空気やガスが動いているから。背筋をピンとのばすと、鳴りにくくなることがあるよ。朝ごはんをよくかんで食べることもいいと言われているよ。

おならが出そうなときは

トイレに行くのが一番だよ。
だれでも、1日に10回ほどは出ているといわれるおなら。むりにがまんするのは体によくないよ。

やってしまったらはずかしいかもしれないけれど、みんなすぐ忘れるから気にしなくてだいじょうぶ。

ルールとマナーを守ってSNSを使おう

> 友だちのSNSを見たら、
> 私との写真がアップされていてびっくり。
> 消してほしいけど、
> 消してほしいって言いづらい…。

私たちは自分の姿を勝手に写真にとられたり、
公開されたりしない権利をもっているよ。
はっきり「消してほしい」と伝えて、消してもらおう。

SNSは、かんたんに友だちとつながれて便利だけれど、
トラブルの原因になることもあるから、
正しい使い方を考えてみよう。

3章 ♥ マナーと気くばり

安全に使うために知っておこう
SNSのルールとマナー

★個人情報をのせない
本名、住所、学校名などの個人情報は絶対にのせないようにしよう。

★顔や場所を特定できる写真をのせない
写真の背景から、家や学校などの場所がわかってしまうことがあるから気をつけて。

★言葉・内容に注意する
他人の悪口はダメだよ。読んだ人がどんな気持ちになるかを考えて発信しよう。

★困ったときはおうちの人に相談
トラブルがあったら、必ずおうちの人に相談しよう。おこられたくないからと、ひとりで解決しようとしないでね。

個人情報の流出やのせる内容と
言葉づかいに注意して
SNSと上手に付きあおう。

かわいい写真の写り方

いつも写真うつりが悪いんです。
どうしたら、かわいくとれるの?

写真うつりがイマイチだとがっかりしちゃうよね。
でも、だいじょうぶ。
ちょっとしたことで、かわいさをアップさせられるよ。

まずは、自分がかわいく見える角度、表情、姿勢、
ポーズを知ること。鏡やスマホのカメラを使って、
自分が一番かわいく見える表情などを見つけてみてね。

3章 ♥ マナーと気くばり

かわいい写真うつりのコツ

★少しななめを向く

まっすぐ正面を向くのではなく、少しななめを向くようにしよう。

★口角を上げて笑顔で

口角（口の両はし）を少し持ち上げて、笑顔を心がけよう。

★自どりのときはカメラを顔より上に

自どりのときは、スマホのカメラを顔より高い位置にかまえて、レンズを見るようにしよう。

★友だちととるときはまんなかがベスト

友だちとグループでとるときは、まんなかがおすすめ。レンズの加減で、はしっこよりもまんなかのほうがゆがみが少なく写るよ。

体の向きや表情を少し変えてみよう。
一番かわいく写れる自分を見つけてね。

第3章のまとめ

思いやりをもつ

おうち、お出かけ、学校…
どこでも思いやりの
気持ちをもって
行動しよう。

お手伝いをしよう

家族の一員として、
おうちの中で
できることが
たくさんあるよ。

SNSはルールを守って

個人情報をのせたり、
だれかが悲しくなる
発信はやめて、
楽しく使おう。

第4章
自分の心と向きあおう

「好き」という気持ちを大切に。
自分を信じて前に進もう。

自分のこと、もっと知って好きになろう

自分には得意なことがないような気がして、
自分のことが好きになれない…。
もっと前向きになりたいな。

自分の得意なことがわかると、きっと自分のことが好きになれるよね。
だから、まずは自分のことを知ってみよう。
下の項目で、チェックがついたものは、ぜんぶあなたのいいところだよ。

A
- ☐ 自分で考えて行動するのが得意
- ☐ まわりをよくみているほうだ
- ☐ 人に頼られることが多い

B
- ☐ 人を笑わせるのが好き
- ☐ 自分から話しかけるほうだ
- ☐ だれとでもなかよくなれる

C
- ☐ 好きなことだとすごく集中できる
- ☐ 物事にコツコツ取り組める
- ☐ 人にどう思われているかは気にならない

D
- ☐ 話すより聞くほうが好き
- ☐ 人助けをよくする
- ☐ 友だちがしあわせだと自分もうれしい

4章 ♥ 自分の心と向きあおう

どれが多かったかな?

A 行動力があるリーダータイプ
自分から進んで行動でき、リーダーシップがあるタイプ。みんながあなたを頼りにしているよ。

B 元気なムードメーカータイプ
いつも笑顔で元気いっぱい。いるだけで、まわりのふんいきが明るくなるよ。

C まわりに流されないマイペースタイプ
人の意見や評価に流されずに、自分のペースで物事を進められるよ。

D 思いやりのあるいやし系タイプ
人のことを思いやれるあなたは、みんなにとって安心できる存在だよ。

苦手は得意のヒントかも?

たとえば、「計画を立てることが苦手」な人は、「思いついたらすぐに行動できる」人かも。苦手だと思うことにも、あなたのいいところがかくれているよ。

「約束を守る」「ウソをつかない」なども立派ないいところ。自分のいいところをどんどん見つけてね。

他の人と比べるより もっと自分を見つめよう

> 友だちと自分を比べると
> 「自分なんて…」と落ちこんじゃう。
> 友だちのことは好きだけど、
> いっしょにいるのがつらくなるときも…。

自分のいいところがわかっても、
友だちと自分を比べて、
「自分も、もう少しここがこうだったら…」と
思っちゃうこともあるよね。

でも、自分のことをよく見てみて。
友だちにはなくて、あなたにはあるものがあるはず。
あなたは、あなたなりにかがやけばいいんだよ。

人にはそれぞれのいいところがある

だれかと自分を比べて落ちこんでしまうのは、他の人のいいところと自分のダメなところを比べているから。
自分のダメなところじゃなくて、自分のいいところをもっと見てあげて。
あなたにも、必ずいいところがあるよ。

うらやましい気持ちは味方にしよう

友だちを「うらやましい」と思うことがあるよね。それは、だめなことじゃないよ。うらやましいから、自分もそうなれるようにがんばろうと思えることもあるよね。そうしてがんばっているうちに、どんどん自分のよさが出てくるかもしれないよ。

自分じゃないだれかではなく、
「今までの自分」と「今の自分」を比べると、
自分の成長がわかって前向きになれるよ。

ポジティブな言葉で心も前向きに

気がついたら、
「めんどくさい」とよく言っちゃう。
なんだかテンションが上がらないし、
本当はもっとポジティブになりたいな。

「めんどくさい」「もうむり」「つかれた」のような
ネガティブ（後ろ向き）な言葉を使うと、
やる気が出ないし、ネガティブな気持ちになってしまうよね。
言葉にはふしぎなパワーがあるから、
たとえば「私ならできる」と口に出して言うと、
こんきょがなくても本当にできる気がしてこない？
「きっとうまくいく」「がんばった」のような
ポジティブ（前向き）な言葉を使うと、
心もポジティブになるよ。

使いたい ポジティブな言葉と さけたい ネガティブな言葉

ポジティブ
- やってみよう
- がんばった
- きっとうまくいく
- 私ならできる
- だいじょうぶ
- なんとかなる

ネガティブ
- めんどくさい
- つかれた
- もう無理
- どうせ私なんて
- できない
- イヤだ

ネガティブな言葉とのつきあい方

つかれたときは正直に「つかれた」と言いたくなるし、どうしてもネガティブな言葉が出ちゃうときもあるよね。そんなときは、「つかれた〜。でも、今日はよくがんばった」のように、ネガティブな言葉のすぐあとに、ポジティブな言葉を言うといいよ。

言葉しだいで心はポジティブにもネガティブにもなるよ。自分にも、まわりの人にもポジティブな言葉を使えるといいね。

きんちょうをほぐすコツ

音楽の授業で、
ひとりずつ歌を発表することになった。
クラスのみんなに注目されると思うと、
きんちょうしてきちゃった…。

発表だけじゃなく、運動会、新しいクラスや習い事に行くときなども、きんちょうするよね。そんなときは、次の方法を試してみてね。きんちょうがほぐれてくるよ。
- 深呼吸する
- 軽く体を動かす
- たくさん練習する
- きんちょうしている自分を受け入れる

4章 ♥ 自分の心と向きあおう

自分にあう方法を見つけよう!
きんちょうのほぐし方

★深呼吸する
背筋をのばして、鼻から大きく息を吸い、口からゆっくりはいてみよう。体の力がぬけて、リラックスできるよ。

★軽く体を動かす
首を回す、軽くジャンプするなど、少しだけ体を動かそう。体がほぐれて、リラックスできるよ。

★たくさん練習する
「あれだけ練習したから、だいじょうぶ」という気持ちで、本番にのぞめるよ。

★きんちょうしている自分を受け入れる
「私、とてもきんちょうしているね。でもだいじょうぶ」と、心の中でつぶやき、きんちょうしている自分を受け入れると、心が軽くなるよ。

きんちょうしてもいいんだよ。
自分にあう方法でリラックスして
本番にのぞもう。

75

はじめてのこと、苦手なことにチャレンジ！

スポーツ大会で、
サッカーの試合に出ることになったよ。
スポーツがあんまり得意じゃないから、
ちょっと不安…。

もしあなたが、はじめてのこと、
苦手なことに取り組むときはどうするかな？
考えて、一番近いものを選んでみよう。

A 「私ならできる！」と自分に言い聞かせてやってみる

B まずは、小さな目標を立ててみる

C 苦手なことは無理にやらず、得意なことをのばすようにする

D 苦手なことは、できるだけやらないようにする

4章 ♥ 自分の心と向きあおう

どれを選んだかな？

A 「私ならできる！」と言い聞かせる

ポジティブな言葉でやる気が出てきて、今までできなかったことができちゃうかも。心の中で言うよりも、実際に口に出すのがおすすめだよ。

B 小さな目標を立ててやってみる

たとえば、なわとびが苦手なら、とぶ回数を1回ずつ増やすなど、少しがんばればクリアできそうな目標を立ててみて。目標を1つずつクリアして「できた」という体験を重ねていくと、楽しくなってくるよ。

C 得意なことをのばす

苦手なことに目を向けるのではなく、得意なことをのばすのもひとつの方法だよ。得意なことで自信がつくと、苦手なこともがんばろうかなという気持ちにもなるよ。

D 苦手なことはやらない

苦手なことはできればさけたい、やりたくないという気持ちはわかるけれど、それだといつまでも苦手意識がなくならないよ。AからCの方法を試してみてね。

はじめてのこと、苦手なことも、
チャレンジすることで楽しさがだんだん
わかってくるかもしれないよ。

失敗をこわがらなくて いいんだよ

まちがえるのがこわくて、
答えがわかっていても、
授業で手があげられない。
どうしたら失敗がこわくなくなるんだろう。

失敗するとはずかしいし、いやな気持ちになるよね。
でも、成功するか、失敗するかは、やってみないとわからないよ。
だから、思い切りチャレンジしてみよう。

失敗しちゃったとしても、だいじょうぶ。
まちがいや失敗をするからこそ、
気づける学びがきっとあるよ。

4章 ♥ 自分の心と向きあおう

失敗がこわいのはなんでだろう？

失敗がこわいのは、「はずかしいから」「おこられるから」のどちらかが大きいんじゃないかな。
だけど、失敗をしたことがない人はひとりもいないし、失敗は成功に欠かせないんだよ。
たとえば、自転車に乗れるようになるときって、何回も練習して失敗を重ねていくうちに、どんどんうまくなって乗れるようになるよね。
だから、失敗するのは悪いことじゃないんだよ。

失敗したらどうすればいいの？

もし失敗をしたときは、失敗したところを次は失敗しないようにもっとがんばろう！って思えばいいんだよ。
新しいことにチャレンジして失敗したときは、まずチャレンジした自分を「ナイストライ！」とほめてあげてね。

> 失敗やまちがいを気にして、
> チャレンジできないことのほうが
> もったいないよ。

自信が「ある」ふりをしてみよう

> クラスの合唱で歌う曲のソロパート。
> 歌ってみたかったけど、立候補できなかった…。
> どうしたら自分に自信がもてるんだろう?

自信は、自分で「自信がない」と思えばなくなるし、「自信がある」と思えばわいてくるよ。

だから、もし本当は自信がなくても、「私ならできる!」と思って、自信があるふりをしてやってみよう。そうすると、意外とうまくいくものだよ。

4章 ♥ 自分の心と向きあおう

自信をもつにはどうしたらいいの？

★「自信がある」ふりをする

自信がなくても「自信がある」と思って行動するといいよ。自分の意見に自信がなくても、堂々と言うと、みんなきちんと聞いてくれるものだよ。だから、思いきって堂々と伝えてみてね。

★「できた！」と思える経験をする

「できた！」と思えるような経験をすると、自信がついてくるよ。こうした成功体験は、ちょっとしたことでだいじょうぶ。「発言が苦手だけど、手をあげられた」とか「リコーダーの練習で、ミスをひとつ減らせた」とかでOK。プチ成功体験を重ねてみてね。

| 自信がなくても、自信が「ある」と思ってとにかくやってみよう！

81

イライラ・モヤモヤにさようなら

勉強や友だちとの関係が
うまくいかなくて、
最近なんだかモヤモヤする…。
どうやって心をスッキリさせよう?

いちばん近いものを選んでね。

A 体を動かす
B 自然にふれる
C 好きなものを食べる
D 笑う

ほかにも「音楽を聴く」「ねる」「おしゃべりをする」など
いろいろな方法があるよ。ストレスはためこまずに、
自分にあう方法で発散させてね。

4章 ♥ 自分の心と向きあおう

どれを選んだかな?

A 体を動かす
運動には、心と体をリラックスさせる効果があるよ。好きな運動やダンスをしてみてね。

B 自然にふれる
森林、海などの自然には、心を落ち着かせる効果があるよ。緑のある公園で遊んだり、植物を育てるのもおすすめ。

C 好きなものを食べる
好きなものやおいしいものを食べると、幸せな気持ちになれるよね。ただし、食べすぎには気をつけてね。

D 笑う
笑うと、心が前向きになるよ。友だちとおしゃべりしたり、おもしろい動画を見たりして、たくさん笑おう。

自分がいちばんすっきりして、
他の人にめいわくが
かからない方法を探してみよう。

「やる気が出ない…」からぬけ出す方法

> 最近、勉強もクラブ活動も全然やる気が出ないんです。どうしたら、やる気が出るの？

「やる気が出ない」ときは、
次のふたつのどちらかを試してみてね。
ふしぎと少しずつやる気が出てくるはずだよ。
- やろうと思っていることを少しやってみる。
- その日はなにもしない。

4章 ♥ 自分の心と向きあおう

やろうと思っていることを少しやる

やらなければいけないことがあるのにやる気が出ないなら、それを20〜30秒くらいだけやってみて。やる気が出ないと思っていても、いざやり始めると、やる気が出てきて、できちゃうことがあるよ。

その日はなにもしない

やる気が出ないなら、その日はなにもしないというのもアリだよ。たっぷり休むと、また明日からがんばろうという気持ちになって、自然とやる気が出てくるよ。

だれにでも、なんだかやる気が出ないときがあるはず。少し休んだら、きっとやる気がわいてくるよ。

85

見栄やウソはやめて すなおになろう

> 友だちが好きなアニメの話で
> 盛りあがっていたから、
> そのアニメを知らないけど、
> 「私も知ってる」とウソをついちゃった…

本当はできないことを「できる」と言ったり、
知らないことを「知っている」と言うような
見栄をはったり、とっさにウソをついたりするのはよくないよ。

できないときは「できない」、知らないときは「知らない」と
すなおに言うほうが、気持ちがラクになるよ。

4章 ♥ 自分の心と向きあおう

どうして見栄をはったりウソをついちゃうんだろう

自分をよく見せたくて、見栄をはったり、ウソをついちゃうことがあるかもしれない。でも、それは本当の自分じゃないよね。それに、一度ウソをつくとウソをつき続けなければならなくなっちゃって、心がつらくなってくるよ。

すなおになるとどんないいことがある?

すなおでいると、自分の意見や気持ちを正直に伝えられるから、心がつかれにくくなるし、まわりの人ともいい関係がつくりやすくなるよ。たとえば、知らないアニメの話になったら、すなおに「知らない」と言ったあとに、「それってどんな話?」「どこで見れるの?」といろいろ聞いてみよう。相手は喜んで答えてくれて、会話が盛りあがると思うよ。

自分をよく見せようとせず、
そのままの自分でいいんだよ。

87

第4章のまとめ

自分を好きになろう

あなたにはいいところがたくさんあるよ。自分のいいところを見つけてね。

ポジティブな言葉を使おう

「私ならできる」「だいじょうぶ」などを口ぐせにすると、前向きな気持ちになるよ。

失敗をこわがらなくていいよ

やってみないと結果はわからないし、失敗しても、また次があるよ。思いきりやってみよう。

第5章
お友だちとのつきあい方

おしゃべりが得意じゃなくても
だいじょうぶ。
あなたのことをわかってくれる人がいるよ。

自分のことを伝えよう

> クラスがえをすると、
> かならず自己しょうかいを
> しなくちゃいけないからゆううつ…。
> どうしたら自己しょうかいが
> こわくなくなるかな?

まだあまりよく知らないたくさんの人の前で、
自分のことを伝えるのはとてもきんちょうするよね。
同じクラスになったみんなも、
きっと同じようにきんちょうしているはず。
だから、心配しなくてもだいじょうぶ。
自己しょうかいがこわくなくなるヒントを
しょうかいするよ。

5章 ♥ お友だちとのつきあい方

自己しょうかいの準備をしよう

次の3つを、事前にメモにまとめておこう。
何を話せばいいか迷わないから、きんちょうがやわらぐよ。

● 自分の名前
　よんでほしいニックネームがあったら伝えてみよう。
● 好きなものや、得意なこと
　同じものが好きな友だちができるかもしれないよ。
● クラスのみんなに伝えたいこと
　「なかよくしてください」「休み時間、いっしょに遊びましょう」など。
　みんなも話しかけやすくなるよね。

自己しょうかいのポイント

自己しょうかいをするときは、次のことに気をつけよう。
● 背筋をのばす
● 笑顔
● 声は聞いている人全員に
　聞こえるくらいの大きさで

まっすぐな姿勢と笑顔で
自己しょうかいすると、いい印象になるよ！

勇気を出して
自分から話しかけよう

> 自分から話しかけるのが苦手で、
> なかなか友だちができません。
> 自分から話しかけられるようになりたいな。

新しいクラスになったとき、転校生がきたときなど、
今まで話したことのない人に
自分から話しかけるのってドキドキするよね。
でも、もしかするとまわりの友だちも、
同じ気持ちかもしれないよ。
勇気を出して、自分から話しかけてみよう。

こんなことを話してみよう

あまり話したことがない人とでも、次のような話題なら、会話が盛りあがりやすいよ。

★身につけているもの、持ちものをほめる

「Tシャツかわいいね〜」のように、服やくつ、筆箱など、相手が身につけているものや持ちものをほめてみよう。

★好きなもの、得意なこと

好きなアニメ、アイドル、音楽などを聞いてみるのもいいよ。

話しかけたのに相手が冷たかったら

せっかく話しかけたのに、相手の返事がそっけなかったらがっかりしちゃうよね。だけど、まずは勇気を出して話しかけた自分をほめてあげよう。今回はうまくいかなかったかもしれないけれど、またチャンスがあるはずだよ。

「おはよう」の元気なあいさつから、話すきっかけをつくってみよう！

人見知りでもOK！
聞き上手になろう

> 人とお話をするのが、
> あんまり得意じゃない。
> 本当は友だちともっと楽しく
> おしゃべりしたいのに…。

会話は「話す」と「聞く」から成り立っているよね。
もし「話す」ことが得意じゃないと感じているのなら、
「聞く」ことをがんばってみるのもひとつの方法だよ。

「話す」ことをがんばってみるときは、家族、親友など、
話しやすい人とたくさんお話しして、話すことになれてみよう。

5章 ♥ お友だちとのつきあい方

話を聞くときのポイント

★うなずく・あいづちを打つ

「うんうん」とうなずいたり、あいづちを打ちながら聞くと、相手は「聞いてくれている」と安心して話せるよ。
あいづちには、次のような言葉があるよ。

納得したとき
- そうなんだ
- たしかに！
- なるほど
- わかる〜　など

ほめるとき
- いいね！
- 最高！
- さすが！
- すごい！　など

おどろいたとき
- へぇ〜
- びっくり！
- 本当に!?　など

続きを聞きたいとき
- どういうこと？
- どうなったの？
- それで？　など

★話を最後まで聞く

相手が話しはじめたら、最後まで聞こう。とちゅうでさえぎって自分の話をするのはNGだよ。

会話は「話す」だけじゃないよ。
聞き上手さんをめざしてみよう。

95

友だちとの おしゃべりが続くコツ

友だちと話していても話が
なかなか続かない…。
もうちょっとおしゃべりを
続けられるようになりたいな。

会話が続かないのは、
おたがいが自分の話したいことだけを話しているからかも。
ただ「話す」だけじゃなくて、
「質問」しながら会話をすると、続きやすくなるよ。
会話がとぎれたときも、
「気まずい」って思わなくてだいじょうぶ。
友だちに伝えたいことが見つかったときに、
また話しかければいいんだからね。

5章 お友だちとのつきあい方

「質問」で会話をはずませよう

★相手が話しているとき
相手の話を聞きながら、話の中で興味を持ったところや、もっと知りたいことについて、質問してみよう。話を広げたり、深めたりできるよ。

★自分が話をしているとき
自分の話をしたあとに、「どう思う?」「同じようなことあった?」などと質問して、次は相手の話を聞いてみよう。

会話がとぎれたらどうする?

会話がとぎれたときは、あわてて次の話題を考えようとしちゃうかもしれないけれど、無理しなくていいよ。相手が先に話題を見つけてくれるかもしれないし、あまり気にしすぎないでね。

自分の話をするだけじゃなく、
「質問」をしながらおしゃべりを楽しもう。

自分の意見を
しっかり伝えよう

自分の意見をうまく伝えられません。
反対されたり、バカにされたりすることが
こわいから…。
はっきり意見を言っている友だちが
うらやましいなあ。

人によって意見がちがうのはあたりまえ。
だから、友だちにどう思われるかを気にしすぎずに、
自分の意見は言葉できちんと伝えよう。
自分とちがう意見に出会ったら、
「なるほど。そういう意見もあるのか！」と、
前向きにとらえてみて。

意見を言うときのポイント

★堂々と言う

自分の意見に自信がないからと小さな声で言ってないかな？ はっきりした声で伝えると、相手も「聞こう」という気持ちになるよ。

★相手の意見を確認する

たとえば、友だちと遊ぶときに、「なわとびしたいな」と言ったあとに、「○○ちゃんはどう？」と聞いてみよう。意見がちがったときは、「なわとびしてから、一輪車する？」と相手の意見を取り入れて提案してみるのもいいね。

意見がない・わからないときは

意見を求められても「意見がない」「わからない」ときは、正直にそう答えてもいいけれど、やっぱり自分の意見を持っているとすてきだよ。短い言葉でもOK！ できるだけ自分の意見を伝えてみよう。

> 人とちがっていても、だいじょうぶ。
> 自分の意見は、はっきり言葉で伝えよう。

相手をいやな気持ちにさせない言葉を使おう

休み時間の読書中。
外遊びにさそわれたけど、
本に集中したくて「話しかけないで！」と言ったら、
友だちがすごく悲しそう…。

反対の立場で、友だちから「話しかけないで！」と言われたら、
悲しい気持ちになるよね。
「こんなふうに言われたらどんな気持ちになるかな？」と
想像しながら言葉を選んだら、
きっと友だちを傷つけない言い方ができるはず。

5章 ♥ お友だちとのつきあい方

ネガティブな表現を言いかえよう

そんなのおもしろくない

⬇

★ そこがおもしろいんだね。私は○○が好きだな

相手が好きなものを否定するのではなく、「そうなんだね」と認めてから、自分の好きなものを伝えよう。好きな芸能人や音楽の話をするときにも使えるよ。

○○しちゃダメ！・ちがう！

⬇

★ ○○のほうがいいと思うな

「ダメ」「ちがう」というきつい言い方より、自分の考えを提案する言い方をしよう。

そんなことも知らないの？

⬇

★ ○○なんだよ

相手が知らないことは、教えてあげよう。あなたが知らないことも、こんなふうに教えてもらえたらうれしいよね。

自分が言われたらうれしい言葉を考えて、ネガティブな表現はポジティブに言いかえてみよう。

101

苦手な人がいるときは…

クラスに苦手な人がいるんだけど、
今度その子と発表のグループが
いっしょになっちゃった。
気まずいなあ。

苦手な人がいても、
その人と協力しなくてはいけないときもあるよね。
もし、今までほとんど話したことがないけれど
苦手だと思っている相手なら、いいチャンスだと思って、
いろいろなことを話してみよう。
話してみたら、苦手じゃなくなるかもしれないよ。

苦手な人がいるときは

★話したことがないなら話してみる

これまでほとんど話したことがなくて苦手だと思っていた相手なら、話してみよう。その人がどんな人かわかったら、苦手じゃなくなることもあるよ。

★話せる関係をキープする

いろいろな人がいるから、気のあわない人がいるのは自然なこと。あまり気があわない人とは、無理にいっしょにいる必要はないよ。だけど、席がとなりになったり、発表などのグループがいっしょになったりすることもあるから、日ごろからあいさつしたり、話ができる仲でいられるといいよね。

★いじわるな人とはきょりを置く

あなたがいやな気持ちになることをしてくる人には、「やめてほしい」と相手にしっかり伝えること。それでもしてくるのであれば、先生や親などの大人に相談したうえで、その人とはかかわらないようにしよう。

あなたにいじわるをしてくる人以外の人とは、苦手でも話せる関係でいよう。

103

友だちに悪口を言われてしまったとき

仲がいいと思っていた友だちが、
自分の悪口を言っているのを
聞いちゃったらどうする？

近いものをひとつ選んでね。

A 悪口を言い返す

B 相手と話しあう

C だれかに相談する

D 気にしない

悪口を言われたら、悲しくなってしまうよね。
モヤモヤした気分はためずに、
自分にあう方法でふき飛ばしてね。

5章 ♥ お友だちとのつきあい方

どれを選んだかな?

A 悪口を言い返す
気持ちはわかるけれど、言い返すとあなたの心はネガティブな気持ちでいっぱいになっちゃう。悪口を言うのはやめよう。

B 相手と話しあう
おたがいに自分の思っていることをすなおに話せたら、また仲よくできるかも。

C だれかに相談する
先生、スクールカウンセラー、親などの頼れる大人に相談してみるのもいいよ。

D 気にしない
悪口を言われても特に気にならないなら、それでいいんだよ。

「悪口を言い返す」以外の方法で、
心をすっきりさせよう。
ひとりでかかえこまないでね。

友だちを悲しい気持ちにさせない断り方

友だちに「土曜日、いっしょに遊ぼう」と
さそわれたけど、その日は別の友だちと
約束しているから断らなきゃ。
でも、友だちを傷つけたくないし…。

この場合なら、先に約束をした友だちに話して、
みんなでいっしょに遊ぶというのもいいと思うよ。

断るときは、「さそってくれてありがとう」という
感謝の気持ちを伝えてから断ろう。
次は、できるだけ自分からさそってあげてね。

5章 ♥ お友だちとのつきあい方

断り方のポイント

次の順番で伝えると、相手をあまりがっかりさせないよ。

①お礼の気持ちを伝える

「さそってくれてありがとう」と、さそってくれたことに対して、「ありがとう」の気持ちを伝えよう。

②表現がやわらかくなる言葉をつけ加える

断る言葉の前に「残念だけど」「遊びたいんだけど」などの一言をつけ加えよう。

③断る理由を伝えてから、「ごめんね」と言う

「用事があるから遊べないんだ、ごめんね」と、きちんと理由を伝えよう。

④「次は」という気持ちを伝える

「またさそってね」でもいいし、「来週はどう?」と次回を提案するのもいいよ。

「さそってくれてありがとう」
「ごめんね」の気持ちが
友だちに伝わるようにしよう。

第5章のまとめ

大事なことは言葉で伝える

意見や気持ちはちゃんと言葉で伝えよう。言い方に気をつけてね。

話をちゃんと聞く

あいづちを打って話を聞いてあげると、話しやすい人だと思ってもらえるよ。

悪口を言わない

言われた人だけじゃなく、言った人の心も傷ついてしまうよ。

おわりに

さいごまで読んでくれてありがとう！
「かわいい」って見た目のことだけじゃなくて、笑顔ややさしい言葉づかい、自分を大事にすることや、まわりへの思いやりなどもふくまれているって、きっとわかったんじゃないかな。

この本に書いてあること以外にも、これからまわりの人のすてきなところを見つけたら、どんどんまねしてみよう。苦手なことに挑戦してみたり、小さな思いやりで相手が笑顔になるのを見たりするなかで、新しい「かわいい」に気づくかもしれないね。
またいつでもこの本を開いて、「かわいいってなんだろう?」と考えてみてくれるとうれしいな。

監修　白坂洋一（しらさか よういち）

1977年鹿児島県生まれ。鹿児島県公立小学校教諭を経て、筑波大学附属小学校国語科教諭。
『例解学習漢字辞典』（小学館）編集委員。『例解学習ことわざ辞典』（小学館）監修。全国
国語授業研究会副会長。「子どもの論理」で創る国語授業研究会会長。

キャラクター著作　　　株式会社サンリオ

装丁・本文デザイン　　生田恵子（NORDIC）
DTP　　　　　　　　　尾本卓弥（リベラル社）
編集協力　　　　　　　山崎香織
校正　　　　　　　　　山下祥子
編集人　　　　　　　　安永敏史（リベラル社）
編集　　　　　　　　　中村彩（リベラル社）
営業　　　　　　　　　澤順二（リベラル社）
広報マネジメント　　　伊藤光恵（リベラル社）
制作・営業コーディネーター　　仲野進（リベラル社）

編集部　木田秀和・濱口桃花
営業部　川浪光治・津村卓・津田滋春・廣田修・青木ちはる・竹本健志・持丸孝

マイメロディ クロミの かわいいってなんだろう？

2025年2月26日　初版発行
2025年8月11日　2版発行

編　集　　リベラル社
発行者　　隅田直樹
発行所　　株式会社 リベラル社
　　　　　〒460-0008 名古屋市中区栄3-7-9 新鏡栄ビル8F
　　　　　TEL 052-261-9101　FAX 052-261-9134
　　　　　http://liberalsya.com

発　売　　株式会社 星雲社（共同出版社・流通責任出版社）
　　　　　〒112-0005 東京都文京区水道1-3-30
　　　　　TEL 03-3868-3275

印刷・製本所　株式会社 シナノパブリッシングプレス

© 2025 SANRIO CO., LTD. TOKYO, JAPAN Ⓗ
ISBN978-4-434-35379-6　C8076
落丁・乱丁本は送料弊社負担にてお取り替えいたします。　109001